MASTER IHRE FINANZEN

Ein Fahrplan zum Aufbau von Wohlstand und finanzieller Freiheit

Michael T. Smith

COPYRIGHT-SEITE

Alle Rechte vorbehalten. Kein Teil dieser Veröffentlichung darf ohne vorherige schriftliche Genehmigung des Urheberrechtsinhabers in irgendeiner Form oder mit irgendwelchen Mitteln vervielfältigt werden.

Urheberrecht ©2024 Michael T. Smith

Inhaltsübersicht

Einführung 5

KAPITEL 1 9

   Einkommen generieren 9

KAPITEL 2 16

   Ziele festlegen und eine Strategie entwerfen 16

KAPITEL 3 19

   Prioritäten setzen beim Sparen 19

KAPITEL 4 27

   Investitionen 27

   Arten von Investitionen 31

KAPITEL 5 36

   Sichern Sie Ihr Vermögen . 36

KAPITEL 6 39

Steuerliche Auswirkungen abmildern 39

KAPITEL 7 44

Schulden verwalten und Ihre Kreditwürdigkeit verbessern......................44

Aufrechterhaltung eines guten Kredit-Scores..........48

KAPITEL 8 53

Häufig gestellte Fragen (FAQs)..............................53

Einführung

Der Aufbau von Wohlstand erfordert Engagement, Ausdauer und Selbstbeherrschung. Glücklicherweise gibt es wirksame Strategien, die allen Menschen zugänglich sind, um über längere Zeiträume hinweg Vermögen aufzubauen und zu erhalten. Die frühzeitige Umsetzung dieser Strategien erhöht die Erfolgswahrscheinlichkeit.

Im Folgenden finden Sie grundlegende Richtlinien für den Vermögensaufbau, die die Bereiche Zielsetzung,

Schuldenmanagement, Sparen und Investieren, steuerliche Auswirkungen und die Pflege eines soliden Kreditprofils umfassen. Lassen Sie uns die einzelnen Grundsätze näher beleuchten und ihr Potenzial für die Verwirklichung Ihrer finanziellen Ziele erkunden.

SCHLÜSSEL-ABSTAND

Wer im Laufe der Zeit ein Vermögen anhäufen will, muss sich mit umsichtigen Anlagepraktiken, Vermögensschutz und Schuldenmanagement auskennen.

In der ersten Phase geht es darum, ein ausreichendes Einkommen zur Deckung der wichtigsten Ausgaben zu erwirtschaften, wobei überschüssige Mittel zum Sparen vorgesehen sind.

Wenn Sie einen Finanzplan erstellen, sollten Sie sich Gedanken über Ihre Ziele machen, z. B. Wohneigentum, Altersvorsorge oder die Ausbildung Ihrer Kinder.

Die Diversifizierung der Anlagen dient als Schutz vor Marktschwankungen und schützt Ihr Kapital vor Abschwüngen.

KAPITEL 1

Einkommen generieren

Der erste Schritt besteht darin, mit dem Geldverdienen zu beginnen. Dies mag einfach erscheinen, ist aber von entscheidender Bedeutung, denn man kann nicht sparen, was man nicht besitzt. Vielleicht sind Sie schon einmal auf Darstellungen gestoßen, die zeigen, wie man durch konsequentes Sparen eines kleinen Betrags, der sich im Laufe der Zeit ansammelt, schließlich einen bedeutenden Betrag anhäufen kann. Diese Darstellungen lassen jedoch oft eine grundlegende Frage unbeantwortet: Wie kommt man überhaupt an Geld zum Sparen?

Es gibt zwei Hauptwege, um Geld zu verdienen: durch Erwerbseinkommen oder passives Einkommen. Verdientes Einkommen stammt aus Ihrem Beruf, während passives Einkommen aus Investitionen stammt. Wahrscheinlich werden Sie kein passives Einkommen haben, bis Sie genügend Geld angesammelt haben, um zu investieren.

Wenn Sie kurz vor dem Berufseinstieg stehen oder einen Berufswechsel in Erwägung ziehen, sollten Sie sich die folgenden Fragen stellen, um Ihr weiteres Vorgehen und die Quelle Ihres Einkommens zu bestimmen:

Berücksichtigen Sie Ihre Leidenschaften: Es ist von größter Bedeutung, dass Sie herausfinden, was Ihnen Spaß macht. Wenn Sie etwas tun, das für Sie von Bedeutung ist, werden Sie bessere Leistungen erbringen, eine dauerhafte Karriere aufbauen und Ihre finanziellen Aussichten verbessern. Eine

Studie hat ergeben, dass mehr als neun von zehn Personen einen Teil ihres Lebenseinkommens für eine erfüllendere Arbeit opfern würden.

Beurteilen Sie Ihre Stärken: Überlegen Sie, wo Ihre Stärken liegen und wie Sie diese nutzen können, um Ihren Lebensunterhalt zu verdienen.

Bewerten Sie Ihre finanziellen Aussichten: Erkundigen Sie sich nach Berufen, die Ihren Neigungen und Stärken entsprechen und auch Ihren finanziellen Bedürfnissen gerecht werden. Das Occupational Outlook Handbook des U.S. Bureau of Labor Statistics bietet wertvolle Einblicke in Gehaltsdaten und Wachstumspotenziale in verschiedenen Bereichen.

Planen Sie Ihren Kurs: Machen Sie sich mit den Bildungs-, Ausbildungs- und Erfahrungsvoraussetzungen für Ihre bevorzugte Laufbahn vertraut. Das Occupational Outlook Handbook ist eine umfassende Quelle für solche Informationen.

Die Berücksichtigung dieser Faktoren kann Sie in die richtige Richtung lenken.

TIPPS:

Investitionen in Ihre Ausbildung und Ihre Fähigkeiten sind eine hervorragende Methode, um Ihre Verdienstmöglichkeiten zu maximieren. Fortgeschrittene Studienabschlüsse, branchenspezifische Zertifizierungen und die Teilnahme an Schulungsprogrammen tragen alle dazu bei, Ihr Humankapital zu verbessern. Bei der Bewertung der potenziellen Rendite Ihrer Investition sollten Sie jedoch unbedingt auch die Schulden für Studiendarlehen berücksichtigen.

KAPITEL 2

Ziele festlegen und eine Strategie entwerfen

Was sind Ihre Vermögensvorstellungen? Wollen Sie Ihren Ruhestand absichern - vielleicht sogar vorzeitig in Rente gehen? Die Ausbildung Ihrer Kinder finanzieren? Eine zweite Immobilie zu erwerben? Oder einen Beitrag zu wohltätigen Zwecken leisten? Die Festlegung von Zielen ist ein grundlegender Aspekt des Vermögensaufbaus. Wenn Sie eine klare Vorstellung von Ihren Ambitionen haben, können Sie einen Plan zu deren Verwirklichung aufstellen.

Legen Sie zunächst Ihre finanziellen Ziele fest, sei es das Sparen für den Ruhestand, der Kauf eines Hauses oder der Abbau von Schulden. Legen Sie den genauen Betrag fest, der für jedes Ziel erforderlich ist, und den gewünschten Zeitrahmen für die Erreichung.

Sobald Sie Ihre Ziele definiert haben, sollten Sie eine Strategie zur Erreichung dieser Ziele entwickeln. Dies könnte bedeuten, dass Sie ein Budget aufstellen, um Ihre Ersparnisse aufzustocken, Ihr Einkommen durch Weiterbildung oder beruflichen Aufstieg zu verbessern oder in Vermögenswerte zu investieren, die eine langfristige Wertsteigerung versprechen. Ihr Plan sollte pragmatisch, anpassungsfähig und auf nachhaltigen Fortschritt ausgerichtet sein. Überprüfen Sie regelmäßig Ihre Fortschritte und nehmen Sie gegebenenfalls Anpassungen vor, um auf Kurs zu bleiben.

KAPITEL 3

Prioritäten setzen beim Sparen

Das bloße Verdienen von Geld führt nicht zu Reichtum, wenn es nur ausgegeben wird. Darüber hinaus sollten Sie sicherstellen, dass Sie über ausreichende Mittel für Ausgaben und Notfälle verfügen. Experten raten oft dazu, drei bis sechs Monatseinkommen für unvorhergesehene Umstände zu sparen.

Um Ihre Ersparnisse für den Vermögensaufbau zu erhöhen, sollten Sie diese Strategien in Betracht ziehen:

1. **Überwachen Sie Ihre Ausgaben:** Behalten Sie mindestens einen Monat lang den Überblick über Ihre Ausgaben. Nutzen Sie Budgetierungswerkzeuge wie Apps oder Tabellenkalkulationen oder notieren Sie Ihre Ausgaben einfach in einem kleinen Notizbuch. Die Aufzeichnung selbst kleiner Ausgaben kann überraschende Einblicke in Ihre finanziellen Gewohnheiten geben.

2. Identifizieren und reduzieren Sie überschüssige Ausgaben: Unterscheiden Sie bei Ihren Ausgaben zwischen Notwendigkeiten und Luxusgütern. Während lebensnotwendige Dinge wie Nahrung, Unterkunft und Kleidung nicht verhandelbar sind, sollten Sie andere Ausgaben überprüfen. Posten wie Krankenversicherungsprämien, Autoversicherungen (wenn Sie ein Fahrzeug besitzen) und Lebensversicherungen (wenn andere von Ihrem Einkommen abhängig sind) fallen in die

Kategorie "notwendig". Bei vielen anderen Ausgaben handelt es sich um diskretionäre Wünsche, die Sie einschränken können.

3. Setzen Sie sich Sparziele: Sobald Sie festgestellt haben, wie viel Sie jeden Monat sparen können, setzen Sie sich erreichbare Ziele. Während Sie Ihren Sparplan einhalten, sollten Sie sich gelegentlich für Ihren Fleiß belohnen. Ein Gleichgewicht zwischen Sparen und gelegentlichem Genuss kann die Moral und die Motivation stärken, auf Kurs zu bleiben.

4. Automatisieren Sie Ihre Ersparnisse: Vereinfachen Sie den Sparprozess, indem Sie automatische Überweisungen über Ihren Arbeitgeber oder Ihre Bank einrichten. Legen Sie einen festen Anteil Ihres Gehaltsschecks fest, der regelmäßig auf Ihr Spar- oder Anlagekonto überwiesen wird. Ähnlich verhält es sich mit dem Sparen für die Altersvorsorge: Entscheiden Sie sich für automatische Abhebungen von Ihrem Gehalt, um in die 401(k) Ihres Arbeitgebers einzuzahlen. Finanzberater empfehlen in der Regel, mindestens so viel Geld einzuzahlen, dass Ihr Arbeitgeber den vollen Beitrag leisten kann.

5. Suchen Sie nach hochverzinslichen Ersparnissen: Maximieren Sie die Rendite Ihrer Ersparnisse, indem Sie nach Konten mit den höchsten Zinssätzen und minimalen Gebühren Ausschau halten. Hochverzinsliche Sparkonten (HYSAs) bieten in der Regel 10- bis 12-mal höhere Zinssätze als normale Sparkonten. Auch Einlagenzertifikate (CDs) können eine attraktive Sparoption sein, vorausgesetzt, Sie können es sich leisten, Ihr Geld für mehrere Monate oder Jahre fest anzulegen.

Berücksichtigen Sie Einkommenswachstum: Denken Sie daran, dass Sie nur bis zu einem gewissen Grad Kosten einsparen können. Wenn Ihre Ausgaben bereits minimiert sind, sollten Sie nach Möglichkeiten suchen, Ihr Einkommen zu steigern.

<u>WICHTIG:</u> Die *Aufstellung eines Ausgabenbudgets ist eine der wirksamsten Methoden, um sicherzustellen, dass Sie einen angemessenen Betrag sparen.*

Indem Sie unnötige und übermäßige Ausgaben reduzieren, können Sie diese Mittel auf Ihr Sparkonto umleiten.

KAPITEL 4

Investitionen

Sobald Sie einen Teil Ihrer Ersparnisse angesammelt haben, müssen Sie diese klug investieren, um das Wachstum zu fördern. Es ist wichtig zu wissen, dass typische Sparkonten oft niedrige Zinssätze bieten, und wenn Sie Ihr Geld nur in bar halten, besteht die Gefahr, dass es im Laufe der Zeit durch die Inflation an Kaufkraft verliert.

Die Diversifizierung ist ein entscheidendes Konzept beim Investieren, insbesondere für Anfänger. Das Ziel besteht darin, Ihre Anlagen auf verschiedene Anlageklassen zu verteilen, da sich unterschiedliche Anlagen unter verschiedenen Marktbedingungen unterschiedlich entwickeln. Während beispielsweise Anleihen während eines Abschwungs am Aktienmarkt günstige Renditen abwerfen können, kann eine andere Aktie florieren.

Investmentfonds bieten von Natur aus eine Diversifizierung,

da sie in eine Reihe von Wertpapieren investieren. Sie können die Diversifizierung weiter verbessern, indem Sie sowohl in Aktien- als auch in Rentenfonds (oder in mehrere Fonds jeder Art) investieren, anstatt sich nur auf einen zu konzentrieren.

In der Regel können es sich jüngere Anleger leisten, ein höheres Risiko einzugehen, da sie mehr Zeit haben, sich von möglichen Verlusten zu erholen.

<u>TIPP</u>: Indexfonds, die in der Regel im Rahmen der 401(k)

Ihres Arbeitgebers oder Ihrer IRA verfügbar sind, gehören zur Kategorie der Investmentfonds oder börsengehandelten Fonds (ETFs). Diese Fonds sind im Vergleich zu aktiv verwalteten Fonds in der Regel mit niedrigeren Gebühren verbunden, was sie zu einem ausgezeichneten Ausgangspunkt für neue Anleger macht.

Arten von Investitionen

Investitionen unterscheiden sich in Bezug auf Risiko und potenzielle Rendite, wobei sicherere Optionen in der Regel niedrigere Renditen bieten, während riskantere Optionen potenziell höhere Renditen erzielen.

Für diejenigen, die mit der Vielfalt der Anlageformen nicht vertraut sind, ist es von Vorteil, etwas Zeit zu investieren, um sie zu verstehen. Obwohl es zahlreiche exotische Anlagemöglichkeiten gibt, beginnen die meisten Menschen mit den grundlegenden Optionen: Aktien, Anleihen und Investmentfonds.

Aktien stellen Eigentumsanteile an einem Unternehmen dar. Durch den Kauf von Aktien erwirbt man einen kleinen Anteil an diesem Unternehmen und kann von Kurssteigerungen und Dividendenausschüttungen profitieren. Aktien gelten im Allgemeinen als risikoreicher als Anleihen, obwohl das Risikoniveau von Unternehmen zu Unternehmen sehr unterschiedlich sein kann.

Anleihen sind Schuldscheine von Unternehmen oder Regierungen. Wenn Sie in Anleihen investieren, verpflichtet sich der Emittent, Ihre Investition zusammen mit den Zinsen nach einem bestimmten Zeitraum zurückzuzahlen. Anleihen gelten in der Regel als weniger riskant als Aktien, bieten aber geringere Renditechancen. Das Risikoniveau kann jedoch von Anleihe zu Anleihe variieren, was von den Rating-Agenturen durch die Vergabe von Noten angegeben wird.

Investmentfonds bestehen aus einem Pool von Wertpapieren, der oft aus Aktien, Anleihen oder einer Mischung aus beidem besteht. Wenn Sie Anteile an einem Investmentfonds kaufen, sind Sie am gesamten Pool beteiligt. Je nach den zugrunde liegenden Vermögenswerten weisen Investmentfonds auch unterschiedliche Risiken auf.

Darüber hinaus funktionieren börsengehandelte Fonds (ETFs) ähnlich wie Investmentfonds, indem sie ganze Wertpapierportfolios in jedem Anteil halten. Allerdings sind ETFs an Börsen notiert und werden wie Aktien gehandelt. Einige ETFs bilden große Aktienindizes wie den S&P 500, bestimmte Wirtschaftszweige oder Anlageklassen wie Anleihen und Immobilien ab.

WARNUNG: Bevor Sie sich in Investitionen stürzen, sollten Sie sicherstellen, dass Sie über ausreichende Ersparnisse und Rücklagen verfügen, um unvorhergesehene finanzielle Notlagen zu bewältigen.

KAPITEL 5

Sichern Sie Ihr Vermögen

Nachdem Sie Ihr Vermögen mühsam erarbeitet und aufgebaut haben, möchten Sie es auf keinen Fall durch eine unerwartete Tragödie oder einen unvorhergesehenen Umstand vollständig verlieren. Versicherungen spielen bei der Vermögensverwaltung eine entscheidende Rolle, denn sie schützen vor verschiedenen Risiken.

Die Hausratversicherung sorgt dafür, dass Ihre Wohnung und Ihr Hab und Gut im Falle eines Brandes ersetzt werden, während die Kfz-Versicherung Ihnen den Schaden nach einem Autounfall erstattet. Die Lebensversicherung bietet Ihren Begünstigten eine Todesfallleistung für den Fall, dass Sie sterben.

Die langfristige Invaliditätsversicherung ist eine weitere wichtige Police, die Ihr Einkommen ersetzt, wenn Sie aufgrund von Verletzungen, Krankheiten oder

Arbeitsunfähigkeit nicht mehr arbeiten können. Es ist ratsam, Versicherungsprodukte in Betracht zu ziehen, auch wenn Sie jung und gesund sind, da die Prämien mit dem Alter steigen. Das bedeutet, dass der Abschluss einer Lebensversicherung in jüngeren Jahren, selbst wenn Sie mit 25 Jahren noch ledig sind, wesentlich kostengünstiger sein kann, als zu warten, bis Sie älter, verheiratet, mit Kindern und einer Hypothek ausgestattet sind.

KAPITEL 6

Steuerliche Auswirkungen abmildern

Steuern können Ihre Bemühungen um den Vermögensaufbau erheblich beeinträchtigen, werden aber oft übersehen. Während Einkommens- und Umsatzsteuer unvermeidlich sind, da wir Geld verdienen und ausgeben, können auch Investitionen und Vermögenswerte der Besteuerung unterliegen. Daher ist es von entscheidender Bedeutung, dass

Sie sich über Ihre Steuerpflichten im Klaren sind und Strategien entwickeln, um deren Auswirkungen zu mindern.

Die Investition in steuerbegünstigte Konten ist eine einfache Methode, um Ihre Steuerlast zu verringern. Konten wie 529 College-Sparpläne, individuelle Ruhestandskonten (IRAs) und 401(k)-Pläne bieten Steuervorteile, die Ihre Ersparnisse erhöhen und Ihre Steuerschuld verringern können. So sind beispielsweise Beiträge zu einem traditionellen IRA oder 401(k) steuerlich absetzbar, wodurch Sie Ihr steuerpflichtiges Einkommen senken und im Jahr der Einzahlung Steuern sparen können. Außerdem wachsen diese Konten steuerlich aufgeschoben, was sich bei der Pensionierung, wenn Sie sich wahrscheinlich in einer niedrigeren Steuerklasse befinden, weniger stark auswirkt. Umgekehrt sind Anlagegewinne in einer Roth IRA oder Roth 401(k) steuerfrei, was ein steuerfreies Wachstum und steuerfreie Abhebungen ermöglicht.

Eine weitere Strategie zur Steuerminimierung ist der strategische Zeitpunkt und die

Platzierung von Investitionen. Wer Investitionen länger als ein Jahr hält, kann von dem niedrigeren Steuersatz für langfristige Kapitalgewinne profitieren, der in der Regel niedriger ist als die Steuersätze für kurzfristige Kapitalgewinne und Einkommen.

Berücksichtigen Sie auch die Lage der Vermögenswerte. Einkommenserzeugende Vermögenswerte wie dividendenzahlende Aktien oder Unternehmensanleihen werden am besten in steuerbegünstigten Konten wie Roth IRA angelegt, um steuerpflichtige Ereignisse zu vermeiden. Umgekehrt sind Wachstumsaktien, die Kapitalgewinne generieren, für steuerpflichtige Konten besser geeignet.

***TIPP**: Ziehen Sie in Erwägung, sich von einem qualifizierten Steuerfachmann, z. B. einem Buchhalter oder Wirtschaftsprüfer (CPA), beraten zu lassen, der Ihnen bei der Ausarbeitung einer auf Ihre finanziellen Verhältnisse zugeschnittenen Steuerstrategie hilft. Indem Sie die Auswirkungen von Steuern minimieren, können Sie Ihre Bemühungen um den Vermögensaufbau verstärken und* *langfristig mehr von Ihrem Einkommen einbehalten.*

KAPITEL 7

Schulden verwalten und Ihre Kreditwürdigkeit verbessern

Wenn Sie beim Vermögensaufbau Fortschritte machen, kann es von Vorteil sein, Schulden für verschiedene Anschaffungen oder Investitionen zu nutzen. Dies könnte bedeuten, dass Sie eine Kreditkarte verwenden, um Punkte oder Prämien zu erhalten, eine Hypothek für den Kauf eines Hauses oder einer Zweitimmobilie zu beantragen, einen Eigenheimkredit für Renovierungen aufzunehmen oder einen Autokredit für ein Fahrzeug aufzunehmen. Sie könnten sogar einen Privatkredit in Erwägung ziehen, um ein Unternehmen zu gründen oder in neue Möglichkeiten zu investieren.

Es ist jedoch von entscheidender Bedeutung, dass Sie Ihre Schulden umsichtig verwalten, da eine übermäßige Verschuldung Ihr Vorankommen bei der

Erreichung Ihrer finanziellen Ziele behindern könnte. Um Ihre Schulden effektiv zu verwalten, sollten Sie Ihr Schulden-Einkommens-Verhältnis (DTI) im Auge behalten und sicherstellen, dass Ihre Schuldenzahlungen innerhalb Ihres Budgetrahmens bleiben. Bezahlen Sie hochverzinste Schulden, wie z. B. Kreditkartensalden, umgehend ab, um übermäßige Zinskosten zu vermeiden. Seien Sie vorsichtig bei Produkten mit variablen oder anpassbaren Zinssätzen, wie z. B. Hypotheken mit anpassbaren Zinssätzen (ARMs) oder Darlehen mit Ballonzahlungen, da Änderungen der wirtschaftlichen

Bedingungen oder der persönlichen Umstände diese Schulden schnell untragbar machen können.

Außerdem kann sich die Anhäufung von Schulden negativ auf Ihre Kreditwürdigkeit auswirken. Die Nichtbegleichung von Schulden kann zum Privatkonkurs führen, was die Bedeutung eines verantwortungsvollen Schuldenmanagements und der Aufrechterhaltung einer gesunden Kreditwürdigkeit unterstreicht.

Aufrechterhaltung eines guten Kredit-Scores

Der Aufbau und Erhalt einer soliden Kreditwürdigkeit ist ein entscheidender Aspekt, um Ihr Vermögen über Jahre hinweg zu erhalten und zu schützen. Eine solide Kredithistorie und eine hohe Kreditwürdigkeit können sich in niedrigeren Zinssätzen und günstigeren Kreditbedingungen niederschlagen, wodurch Sie im Laufe der Zeit möglicherweise Tausende von Dollar an Zinskosten sparen.

Im Folgenden finden Sie einige wichtige Schritte zur Aufrechterhaltung einer guten Kreditwürdigkeit:

1. Rechtzeitige Zahlung von Rechnungen: Die pünktliche Bezahlung Ihrer Rechnungen ist von größter Bedeutung. Ihr Zahlungsverhalten hat erheblichen Einfluss auf Ihre Kreditwürdigkeit. Um Ihre Kreditwürdigkeit aufrechtzuerhalten, sollten Sie dafür sorgen, dass Sie Ihre Rechnungen pünktlich bezahlen, denn schon geringe

Verzögerungen können sich nachteilig auswirken.

2. Verwalten Sie die Kreditinanspruchnahme:

Achten Sie auf eine niedrige Kreditauslastung, d. h. auf die Höhe des von Ihnen in Anspruch genommenen Kredits im Vergleich zu dem Ihnen insgesamt zur Verfügung stehenden Kredit. Es ist ratsam, die Kreditauslastung unter 30 % des verfügbaren Kredits zu halten, um einen positiven Kreditscore zu erhalten.

3. Kreditbericht überwachen: Überprüfen Sie regelmäßig Ihre Kreditauskunft, um die Richtigkeit und Aktualität der Informationen zu überprüfen. Viele Dienste bieten kostenlose Kreditauskünfte an, und es ist wichtig, Ungenauigkeiten umgehend zu beanstanden, da sich Fehler nachteilig auf Ihre Kreditwürdigkeit auswirken können.

4. Neue Kreditkonten begrenzen: Eröffnen Sie nicht zu viele neue Konten innerhalb eines kurzen Zeitraums, da jeder Kreditantrag Ihre

Kreditwürdigkeit leicht verschlechtern kann. Bemühen Sie sich um ein Gleichgewicht zwischen der Einrichtung ausreichender Kreditlinien und der Vermeidung übermäßiger Eröffnungen neuer Konten.

Wenn Sie sich an diese Richtlinien halten und solide Kreditpraktiken anwenden, können Sie einen günstigen Kreditscore aufrechterhalten und Ihre Kreditaufnahmefähigkeit langfristig optimieren.

KAPITEL 8

Häufig gestellte Fragen (FAQs)

Soll ich Schulden tilgen oder investieren?

Wenn Sie mit hochverzinslichen Schulden, wie z. B. Kreditkartenguthaben, belastet sind, ist es im Allgemeinen ratsam, diese Schulden vorrangig zu tilgen, bevor Sie an Investitionen denken. Nur wenige Anlagen bringen Renditen, die über den Zinssätzen von

Kreditkarten liegen. Sobald Sie Ihre Schulden getilgt haben, sollten Sie die überschüssigen Mittel für Ersparnisse und Investitionen verwenden. Außerdem sollten Sie sich bemühen, den Saldo Ihrer Kreditkarte möglichst jeden Monat vollständig zu begleichen, damit Ihnen in Zukunft keine Zinsen mehr berechnet werden.

Wie viel Geld brauche ich, um in einen Investmentfonds zu investieren?

Die Mindestanlagesumme, die von den Fondsgesellschaften verlangt wird, ist unterschiedlich hoch und beginnt in der Regel bei etwa 500 $. Spätere Investitionen können geringere Beträge erfordern. Einige Investmentfonds verzichten auf den Mindestanlagebetrag, wenn Sie sich bereit erklären, jeden Monat einen festen Betrag zu investieren. Alternativ können Sie Anteile von Investmentfonds und börsengehandelten Fonds (ETF) über Maklerfirmen erwerben, von denen einige keine Kontoeröffnungsgebühren erheben.

Was ist ein börsengehandelter Fonds (ETF)?

Bei börsengehandelten Fonds (ETFs) handelt es sich um Anlageinstrumente, die den Investmentfonds ähneln, jedoch mit einem entscheidenden Unterschied: Ihre Anteile werden an den Börsen gehandelt, anstatt über eine bestimmte Fondsgesellschaft gekauft und verkauft zu werden. ETFs weisen im Vergleich zu Investmentfonds häufig niedrigere Gebühren auf. Außerdem können sie zusammen mit Aktien und Anleihen über Maklerfirmen erworben werden.

Die Quintessenz

Die Verlockung des schnellen Geldes mag zwar verlockend sein, doch der bewährte Weg zum Reichtum führt über konsequentes Sparen und Investieren, gepaart mit Geduld, während Ihr Geld mit der Zeit wächst. Es ist völlig in Ordnung, mit bescheidenen Beträgen anzufangen. Entscheidend ist, dass Sie den Prozess frühzeitig in Gang setzen. Erzielen Sie Einkommen, und legen Sie es dann klug an. Sichern Sie Ihr Vermögen durch Versicherungen ab und minimieren Sie die Steuerlast.

Denken Sie daran, dass der Vermögensaufbau eine Reise und kein Ziel ist. Feiern Sie Ihre Erfolge auf dem Weg und lassen Sie sich von Rückschlägen oder Herausforderungen nicht entmutigen. Mit Ausdauer, Selbstdisziplin und einer klaren Vorstellung von Ihren Zielen können Sie finanziellen Erfolg erreichen und langfristig Vermögen anhäufen.